AF339837

LETTRES

A M. GAMBETTA

Orateur de Saint-Quentin

PAR

Un membre du Bas Clergé

Extrait du *Journal des Villes et Campagnes.*

PARIS

E. DENTU, LIBRAIRE-EDITEUR

PALAIS-ROYAL, GALERIE D'ORLÉANS, 17 ET 19.

1871

                    Paris, 25 novembre 1871.

MONSIEUR,

La lettre que j'ai l'honneur de vous
adresser était écrite lorsque a paru celle
que vous avez reçue de l'évêque d'Orléans. Mon premier sentiment a été de
jeter la mienne au panier. Réflexion
faite, je me suis ravisé et voici pourquoi.

Mgr l'évêque d'Orléans tient le haut
bout de la société et du clergé, moins
encore par sa dignité que par son éloquence, ses vertus, ses longs et écla-
tants services à l'Eglise et au pays. A
tous ces titres, il doit vous être sus-
pect. Vous n'avez rien de semblable à
redouter en moi. Vous allez le comprendre.

J'ai gardé les troupeaux dans mon

enfance, et, grâce à l'instruction gratuite que j'ai reçue de maîtres qui n'étaient pas obligés de me la donner, je suis, depuis trente ans, membre du *bas clergé*. Ces titres, vous le voyez, justifient la liberté que je prends de vous adresser cette lettre ; car ils m'autorisent à réclamer ma part des sentiments de respect et de bienveillance que vous avez affirmés dans votre discours de Saint-Quentin, en faveur de la portion du clergé français à laquelle je m'honore d'appartenir.

« Je ne puis, avez-vous dit, m'empê-
» cher d'être saisi de respect et d'émotion,
» quand je songe à ces hommes dont on
» parle avec tant de hauteur et qui cons-
» tituent le bas clergé. Non, je ne suis
» pas froid pour l'humble desservant,
» pour cet homme qui, après avoir reçu
» quelques notions très-courtes, très-in-
» complètes, très-obscures, rentre au
» sein de ces robustes et saines popula-
» tions rurales dont il est sorti. »

Il me semble que je suis votre hom-

me. Il y a en moi *du paysan et du prêtre*. Je ne suis pas encore desservant, il est
vrai, mais je ne désespère pas de le devenir ; et, en attendant, j'enseigne le
peu que je sais à des enfants qui sont,
en grand nombre, dans la situation où
j'étais moi-même à leur âge, et reçoi-
vent gratuitement une instruction que
j'ai gratuitement reçue.

Mes humbles fonctions de maître d'é-
cole ont vivement attiré et fixé mon
attention sur votre récent discours de
Saint-Quentin. Je dois le dire, ce discours a brouillé toutes mes idées et dé-
concerté ma faible raison. J'y comprends
peu de choses, et le peu que je crois y
comprendre me paraît en contradiction
formelle et avec vous-même et, ce qui
est plus grave, avec des vérités et des
faits que je tenais, jusqu'à ce jour,
pour incontestables. Cela tient peut-
être à ce que je suis du nombre de
ces humbles prêtres qui n'ont reçu
et ne possèdent que des *notions très-
courtes, très - incomplètes, très - obscures*.

Mais, loin de mépriser ces prêtres, vous travaillez à les *élever* et à les *affranchir*; vous ne pouvez refuser la lumière et l'affranchissement que l'un d'entre eux sollicite de votre générosité, en répondant aux objections et en dissipant les scrupules que votre discours a fait naître dans son esprit et dans sa conscience.

Vous désirez, monsieur, « de toute » la puissance de votre âme, qu'on sé-» pare non-seulement les Eglises de » l'Etat, mais qu'on sépare les écoles de » l'Eglise. » Je n'entends pas très-clairement le sens précis que vous attachez à cette double affirmation.

Si vous le permettez, examinons-les, l'une et l'autre, en commençant par la dernière, comme, du reste, vous l'avez fai vous-même dans votre discours.

Je me permets d'abord de vous demander quel sens vous donnez à ces expressions : séparation des écoles de l'Eglise. Vous ne pouvez entendre ce divorce au sens de Julien, surnommé l'Apostat. Ce serait faire injure à un républicain tel que vous de supposer qu'il s'entende, en matière de libéralisme, avec un empereur tel que celui-là. Et, cependant, il ne m'est pas facile de trouver la différence.

Toute école comprend, si je ne me trompe, nécessairement trois choses : un maître qui enseigne, un enseignement qui est donné, un disciple qui reçoit cet enseignement. Voulez-vous séparer ces trois choses de l'Eglise, et comment entendez-vous cette séparation ?

Et d'abord, exigez-vous que le maître ne soit jamais de l'Eglise, qu'il soit toujours et absolument laïque ? Dans ce cas, votre libéralisme me paraît bien gravement compromis. J'en porte en moi-même la démonstration. Quoique le *moi* soit odieux, laissez-moi me mettre en scène. Je vous l'ai dit, j'appartiens à la démocratie et au *bas clergé* ; il se trouve néanmoins que je suis licencié ès lettres. J'ai de plus dans ma poche un certificat dûment légalisé de bonnes vie et mœurs. Me voilà dans les conditions imposées par la loi aux citoyens pour exercer les fonctions de professeur.

Or, de deux choses l'une : ou vous m'excluez de l'enseignement parce que je suis prêtre, et que vous désirez de *toute la puissance de votre âme* la séparation des écoles et de l'Eglise ; ou, malgré mon caractère et ma soutane, vous m'admettez comme professeur en vertu du droit commun. Dans le premier cas, je vous demande comment mon exclusion, uniquement motivée par mon caractère sacerdotal, peut se concilier avec cette énergique protestation de votre discours de Saint-Quentin : « Ma conviction est » qu'il n'y a rien de plus respectable » dans la personne humaine que la li- » berté de conscience, et je considère » que c'est à la fois le plus odieux et » le plus impuissant des attentats » que d'opprimer les consciences. » Cet attentat, vous le commettez évidemment, si vous m'excluez d'un droit qui appartient aux citoyens, uniquement parce que je suis un prêtre catholique. — Si, au contraire, vous me laissez, malgré ma soutane, user du droit commun, si je puis être professeur de faculté, de lycée, ou maître d'école de village, que devient votre séparation des écoles et de l'Eglise ?

Ainsi donc, ou cette séparation que vous désirez de toute la puissance de votre âme n'est qu'un désir platonique, ou c'est un odieux et impuissant attentat contre la liberté de conscience. Voyez-vous le moyen d'échapper à cette alternative ?

En second lieu, séparer les écoles de l'Eglise signifie dans votre pensée interdire dans les écoles toute espèce d'enseignement religieux. Vous le dites formellement : il vous faut une *instruction absolument laïque.* L'enseignement religieux doit être exclu des écoles et se réfugier dans les temples. Quant à l'école, on y enseignera « laïquement la » morale, les vérités de la science, dans » leur rigueur et leur simplicité majes- » tueuse, la souveraineté de la raison,

» l'autorité et la responsabilité des vo-
» lontés humaines, la liberté de l'action,
» la pratique des devoirs sociaux
» par l'émancipation et la glorification
» de la personne humaine. » — Je laisse
ce pathos inintelligible pour aller au
fond des choses.

La séparation que vous décrétez ici en
une phrase ne me semble pas très-facile
à réaliser dans la pratique. J'y vois,
pour ma part, deux difficultés considé-
rables, tirées l'une du professorat, l'autre de la nature de l'enseignement lui-
même.

Vous ne pouvez pas, je l'ai dit, sans
fouler aux pieds la liberté de conscience,
exclure de l'enseignement un prêtre ou
un homme religieux qui remplit d'ailleurs les conditions de capacité imposées par la loi aux autres citoyens. Or,
vous savez vous-même par expérience
s'il est facile, s'il est possible de s'abstenir de parler, quand on a la parole,
de ce que l'on croit, de ce que l'on
aime par-dessus tout. Vous êtes un

partisan ardent et convaincu de ce que vous appelez l'idée républicaine. Pour vous, la République est la réalisation du paradis terrestre et social. Elle comprend tous les biens, tous les progrès, toutes les grandeurs morales, toutes les vertus, tous les bonheurs ; elle exclut tous les maux, toutes les lâchetés, tous les vices, toutes les décadences. En un mot, c'est l'idéal de l'ordre social. Voilà ce que vous dites, ce que vous écrivez depuis que du rôle d'étudiant vous avez passé subitement à celui d'oracle politique. Je constate ce fait, je ne le discute pas.

Or, supposez qu'au lieu de devenir, dans quelques mois, président de la République, — ce qui, assurément, ne vous en ôterait pas l'amour, — les événements vous ramènent à votre point de départ, et vous forcent, pour vivre, à vous faire, non plus négociant, mais professeur. Y aurait-il un programme d'enseignement capable de vous empêcher de parler de la République à vos élèves? de leur en inspirer l'estime à propos de grec ou de latin, d'histoire ou de géographie? Sans sortir matériellement du programme officiel, ne trouveriez-vous pas le moyen de rompre, dans votre enseignement, les entraves mises à votre foi, à votre amour, à l'expansion de votre idée fixe?

Eh bien, vous ne pouvez pas nier que la passion que vous inspire la République, la Religion ne puisse l'inspirer à d'autres hommes. L'histoire démontre que la foi religieuse a eu et compte encore plus de fidèles et de martyrs que n'en a eu et que n'en comptera vraisemblablement jamais la foi républicaine. Vous voyez la conséquence. Le prêtre, l'homme religieux que vous ne pouvez, sans renier tous vos principes de liberté de conscience, exclure de l'enseignement public, y portera l'ardeur de prosélytisme que vous y porteriez vous-même; il parlera de l'abondance de son cœur, et la religion chassée par le programme officiel de l'enceinte de l'école y rentrera par la porte secrète que lui ouvrira la foi du professeur.

Je veux bien supposer, cependant, que le professeur officiel s'en tiendra scrupuleusement à son programme et renfermera dans sa conscience sa foi religieuse sans en laisser jamais rien deviner à ses disciples. La religion ne sera pas pour cela exclue de l'école. Elle y rentrera forcément avec la morale que vous y introduisez vous-même. La morale indépendante, c'est-à-dire sans Dieu, est une invention chimérique qui ne peut servir qu'à assurer l'indépendance des mœurs. Théoriquement, le dogme de l'existence de Dieu est le seul fondement solide du devoir. Sauf l'école matérialiste ou athée, toutes les écoles de philosophie sont d'accord sur ce point. En pratique et en éducation, cela est plus incontestable encore. Je défie un instituteur, quel qu'il soit, de former la conscience d'un enfant, de lui enseigner, comme vous le voulez, la responsabilité des volontés humaines, sans lui donner la notion d'une loi et par suite d'un législateur, supérieur à ces volontés humaines. Dieu, la théodicée, la religion, se trouvent donc, bon gré mal gré, à la base de l'enseignement de la morale. C'est ce que Platon, — ce grand républicain d'Athènes, — disait aux sophistes de son temps. Vous êtes républicain, monsieur. Lisez la *République* et les *Lois* du disciple de Socrate, vous verrez ce qu'il pense de votre éducation morale sans Dieu.

Je sais bien que, pour remplacer Dieu, vous avez sous la main « les vérités de » la science dans leur rigueur et leur » simplicité majestueuse. » Mais, en cherchant ce qu'il y a sous ces grands mots, voici tout ce que j'y peux trouver.

La science, si souvent invoquée par les démocrates dont vous êtes l'orateur, est la chose la moins démocratique du monde. C'est une divinité qui ne laisse entrer dans son sanctuaire qu'un petit nombre d'élus. Pour être initié à ses mystères, il faut beaucoup d'intelligence au service de beaucoup de temps, d'ar-

gent et de travail. Il s'ensuit que, malgré l'instruction gratuite et obligatoire,
les pauvres de science formeront toujours, comme les pauvres d'écus, l'im-
mense majorité des hommes. Fonder la
morale sur la science, au lieu de l'établir sur la religion, c'est donc la faire
reposer sur une base trop étroite pour
porter la société humaine.

Mais admettons, par impossible, que
votre système d'instruction fasse de tous
les ouvriers, de tous les paysans français des savants de premier ordre. —
Je parle de la science telle que vous
l'entendez après M. Littré, de la science
sans dogmes théologiques, c'est-à-dire
sans Dieu. — Pensez-vous qu'en devenant
savants les Français deviendraient du
même coup vertueux ? L'expérience ne
permet pas cette illusion. Science et
vertu ne sont pas plus identiques dans
la réalité qu'elles ne sont synonymes
dans le langage humain. Connaître
la vérité, ce n'est pas pratiquer le
bien, quoi qu'en ait dit M. Renan.

Quel homme de bonne foi peut s'abstenir de faire à sa propre conscience cet aveu du poëte latin : *Video meliora proboque, deteriora sequor?* C'est que la vertu n'est pas seulement lumière, elle est effort et force, comme l'indique son nom. Il ne suffit pas que l'esprit connaisse le devoir, il faut de plus que le cœur s'y attache et que la volonté se détermine à l'accomplir. Et cette détermination, elle se doit prendre quelquefois contre l'intérêt, presque toujours contre le plaisir. Assurément c'est quelque chose de très-beau et de très-séduisant que « la rigueur et la simplicité majestueuse des vérités scientifiques. » Mais prétendre qu'il y ait là un mobile assez universel et assez efficace pour déterminer l'homme à la pratique de la vertu, c'est par trop ignorer la vertu et la nature de l'homme.

C'est, de plus, pousser à l'athéisme. Vous protestez, je le sais, contre cette accusation, et vous dites qu'en excluant Dieu de l'école, vous le laissez dans le

temple. Mais veuillez remarquer qu'il y
a entre l'école et le temple le même
rapport qu'entre la raison et la foi.
Chasser Dieu de la raison pour l'enfer-
mer dans la foi, c'est précipiter l'homme dans la superstition ou dans l'athéisme. Car il sera fatalement conduit à
sacrifier sa raison à sa foi ou sa foi à sa
raison. Exclure Dieu de l'école pour le
consigner dans le temple, c'est déclarer
ouvertement que l'école et le temple
sont inconciliables, et comme vous faites de la fréquentation de l'école une
nécessité légale, vous fermez du même
coup les portes du temple. C'est une
conséquence nécessaire.

Si donc l'athéisme n'est pas dans vos
intentions, comme dans celles d'un
grand nombre de vos frères en démocratie, il est incontestablement dans votre
système de séparation et d'éducation
laïque ; et ce n'est pas calomnier cette
théorie que de lui dire : « Vous voulez
» faire des athées et installer dans les
» écoles un   ment anti-social. »

Enfin, après le maître et l'objet de l'enseignement, il y a dans l'école l'enfant qui est enseigné. En demandant la séparation des écoles et de l'Eglise, vous voulez sans doute éloigner de l'enfant tout maître et tout enseignement religieux. Comment conciliez-vous cette exigence avec la liberté de conscience et l'autorité du père de famille? Y avez-vous réfléchi?

Vous faites aux pères de famille une obligation absolue d'envoyer leurs enfants à l'école, puisque vous voulez l'enseignement obligatoire. A cette obligation déjà si grave, vous ajoutez celle de subir un enseignement et un maître de votre choix. Or, vous ne pouvez le méconnaître, il y a des pères de famille, — j'en connais pour ma part un très-grand nombre, — qui veulent que la religion préside à l'éducation de leurs enfants, et qui, à tort ou à raison, n'ont aucune confiance dans les maîtres laïques et les écoles de l'Etat. Dépouiller légalement ces pères de famille du droit naturel, que dis-je? du devoir absolu qu'ils ont d'élever leurs enfants, confisquer, pour cause d'utilité républicaine, non leur champ ou leur maison, mais l'intelligence, le cœur, l'âme de ces êtres si chers qui sont leur sang et leur vie, vous trouvez cela juste, libéral, conforme aux principes de cette société de 89, dont vous vous proclamez les héritiers et les représentants! Je croyais que c'était au nom des mêmes principes que vous protestiez, il y a peu d'années, contre la prétendue séquestration du jeune Mortara. Quels accents indignés n'avez-vous pas alors fait entendre au monde entier! Avec quelle éloquence n'avez-vous pas réclamé les droits sacrés du père de famille, les droits imprescriptibles de la liberté de conscience! Et aujourd'hui, vous réclamez, au nom de la République, comme un droit de l'Etat, la séquestration de toute la jeunesse française! vous vous réservez, à l'exclusion des pères et des mères, et contrairement à leurs convictions, le soin d'instruire et d'élever leurs enfants, et vous appelez cela de la liberté! Non, monsieur, c'est de la tyrannie et de la pire des Communes.

Vous avez beau protester que l'Etat, dans votre système, laissera aux parents et aux maîtres de leur choix l'éducation religieuse tout entière, et qu'il « se dé-
» sintéressera, dans l'éducation publique,
» d'une façon absolument impartiale, de
» toutes les doctrines, de tous les sys-
» tèmes, de toutes les sectes, de toutes
» les communions. » Cela n'est pas sé-
rieux. Quand bien même l'éducation pu-
blique ne toucherait à aucune doctrine religieuse, ce qui est impossible, puisque s'abstenir en cette matière c'est prendre parti pour l'indifférence ou le mépris, elle serait, vous le déclarez, chargée de former l'homme et le citoyen, et ensei-
gnerait par conséquent les principes de la morale privée et publique. Or, je l'ai dit, la morale et la religion sont essen-
tiellement unies, au moins dans leurs

premiers principes. — D'ailleurs, je ne ne vois pas sur quoi se fonderait l'enseignement laïque pour réclamer en ces matières une infaillibilité qu'il refuse à l'enseignement ecclésiastique ; et s'il n'est pas infaillible, je comprends moins encore comment il s'arroge le droit exclusif d'imposer un symbole moral et politique à tous les citoyens. Vous voulez que l'Etat laisse « au libre choix ou même au caprice l'enseignement des doctrines religieuses », et en même temps vous revendiquez pour lui le privilége de définir les articles du *credo* moral et politique que chaque citoyen sera tenu de croire et pratiquer... Encore une fois, je ne puis voir comment tout cela tient ensemble. Si vous avez le secret de concilier des principes aussi contradictoires, veuillez le révéler.

Ce n'est pas seulement avec vous-même que je vous trouve en contradiction, c'est avec les données de cette science sociale qui n'a pour vous, selon vous, aucun mystère.

2.

J'ai cru jusqu'à ce jour, avec de bons esprits, avec saint Augustin, Vico, Bossuet et Montesquieu, que l'humanité, comme les astres, était soumise à des lois qui, sans contraindre sa liberté, présidaient néanmoins, d'une manière certaine, à sa marche et à son développement. Or, parcourez même superficiellement l'histoire du genre humain, depuis que le genre humain a une histoire ; vous trouverez, à toutes les époques et dans tous les lieux, plus d'un peuple chez qui l'éducation de la jeunesse a été ou est encore exclusivement confiée aux prêtres ; vous n'en trouverez pas un seul qui leur ait interdit cette éducation. Je vous défie surtout de citer un seul peuple, depuis le plus civilisé jusqu'au plus barbare, qui ait exclu la religion du programme de l'enseignement privé ou public, libre ou obligatoire.

Un fait aussi universel, aussi constant, doit tenir, si j'en crois la science, à une cause générale et constante comme lui, c'est-à-dire à une de ces lois qui gouvernent la nature humaine. Cette loi, dont vous ne tenez aucun compte, domine non-seulement la question particulière de l'enseignement, mais la question plus générale de la séparation de l'Eglise et de l'Etat. Ici le débat s'agrandit encore, et je vous demande, Monsieur, d'y revenir dans une seconde lettre.

DEUXIÈME LETTRE

A M. GAMBETTA

Paris, 2 décembre 1871.

MONSIEUR,

La séparation des écoles et de l'Eglise, que vous désirez *de toute la puissance de votre âme*, se relie, comme vous le remarquez justement, à la séparation des églises et de l'Etat que vous ne désirez pas avec moins d'ardeur. Cette dernière séparation, dites-vous, est un problème depuis longtemps posé. Cela est vrai, vous n'en êtes pas l'inventeur. Vous auriez pu ajouter qu'il a été et qu'il est encore aussi diversement entendu que souvent posé. Il y a même à noter ce phénomème particulier à notre temps, que moins on l'entend, plus on le pose. Et je gagerais que, parmi les frères et amis qui vous ont le plus chaleureusement applaudi à Saint-Quentin, plus d'un ne l'entendait pas du tout. Mais la question n'est pas là.

La question est de savoir comment vous comprenez vous-même ce problème, si vous le comprenez, et quelle est cette séparation de l'Eglise et de l'Etat qui est pour vous « une nécessité d'ordre politique et même d'ordre social. » Votre pensée précise est importante à connaître ; car, enfin, si vous devenez Président de cette République française dont on vous dit le dauphin, votre pensée d'aujourd'hui sera la loi de demain. Elle porte donc notre destinée à nous autres gens d'Eglise. Voilà pourquoi il est bon que nous sachions précisément à quoi nous en tenir sur la nature et les caractères de la séparation que vous réclamez.

Vous ne pouvez ignorer, en effet, qu'il y a séparation et séparation. Il y a la séparation de Loth et d'Abraham, et la séparation d'Etéocle et de Polynice; celle qui se propose la paix, et celle qui

prépare la guerre et y aboutit fatalement.

Laquelle désirez-vous *de toute la puissance de votre âme?* Il semble que ce soit
la première; car c'est au nom de l'ordre
que vous la réclamez. Que dis-je? c'est
l'amour de la religion qui vous pousse.
« Non, dites-vous, je ne suis pas hostile
» à la religion : c'est même pour cela
» que je demande la séparation. » Je
serais heureux de vous croire, monsieur. Mais Platon voulait que l'on chas-
sât les poètes de la cité après les avoir
couronnés de fleurs.

Cet amour que vous professez pour la
religion ne serait-il que la couronne de
fleurs de Platon? Je le crains.

Je lis, en effet, dans votre discours
ces autres déclarations : « La société
» de 89 — la vôtre — a pour principal
» objectif de faire dépendre le système
» politique et social de l'idée de la *su-
» prématie de la raison sur la grâce,* de
» l'idée de la supériorité de l'état de ci-
» toyen sur l'état d'esclave. Au lieu de

» la doctrine romaine qui habitue l'es-
» prit à l'idée d'une Providence mysté-
» rieuse qui a seule le secret de ses
» faveurs et de ses disgrâces, qui en-
» seigne que l'homme n'est dans la
» main de Dieu qu'un jouet, la Révolu-
» tion enseigne la souveraineté de la
» raison, l'autorité et la responsabilité
» des volontés humaines... Depuis qua-
» tre-vingts ans ces deux systèmes
» sont en présence ; ils se sont parta-
» gé les esprits et ont entretenu un an-
» tagonisme, une guerre acharnée qui
» explique pourquoi, faute d'unité dans
» l'enseignement, nous roulons, sans
» pouvoir jamais nous fixer, de la ré-
» volte à la compression, de l'anarchie
» à la dictature. »

Vous ajoutez ensuite que pour réta-
blir l'unité et la paix dans la société, il
n'y a qu'un moyen : « C'est de réaliser
» la séparation de ces deux mondes :
» le monde civil et politique et le monde
» religieux. »

Vous êtes dans la logique en concluant :

« Celui pour lequel nous sommes faits,
» pour lequel nous devons tout don-
» ner, nos facultés, nos efforts, notre
» vie, c'est le monde moderne, le
» monde qui repousse la domina-
» tion théocratique ; le monde qui en-
» tend, non pas satisfaire seulement les
» intérêts matériels, mais les intérêts
» politiques ; c'est-à-dire ne relever que
» d'une autorité de droit humain ; le
» monde... qui arrive à la déclaration
» et à la pratique des devoirs sociaux
» par l'émancipation et la glorification
» de la personne humaine... »

Il me semble, Monsieur, que votre pensée finit par se dégager nettement de ces paroles, et que l'expression propre de cette pensée n'est pas *séparation* de l'Eglise et de l'Etat, mais *suppression* de l'Eglise pour cause d'incompatibilité avec la Révolution. Dans tous les cas, vous refusez au moins à l'Eglise une existence politique et sociale, ce qui équivaut à sa suppression.

Avant de vous signaler directement

les objections que soulève dans mon esprit cette nouvelle théorie des rapports de l'Eglise et de l'Etat, permettez-moi, Monsieur, de vous raconter une histoire.

Il y avait à la fin du quatrième siècle un étudiant, plein d'intelligence, d'ardeur et d'ambition comme vous, menant à Tagaste, à Carthage, à Rome, à Milan, la vie que l'on mène, dit-on, dans le quartier latin, foyer de votre science sociale, berceau de votre fortune politique et premier théâtre de vos exploits militaires. Il arriva cependant que son âme, demeurée grande jusque dans l'abaissement de ses mœurs, se dégoûta de cette vie qui avait pour principe « l'idée de la suprématie de la raison sur la grâce. » Il trouva que les applaudissements qu'il recevait des étudiants de Milan dans sa chaire d'éloquence n'étaient pas la gloire la plus désirable pour un grand cœur, que les voluptés dont il saturait ses sens, au mépris des lois humaines et divines, ne le rendaient ni meilleur ni plus heureux. Pressé par les prières et les larmes d'une mère chrétienne, par les exhortations d'un vieillard appelé Ambroise et dont l'évêque d'Orléans vous offre un vivant crayon, il désira ardemment sortir de cet état. Mais *la suprématie de sa raison* trouva devant elle *la suprématie de ses habitudes et de ses passions*; et la première demeura impuissante et enchaînée par la seconde, jusqu'à ce qu'enfin, reconnaissant la *suprématie* d'une troisième puissance, celle de la grâce qui vous cause tant de frayeur, elle consentit à invoquer son alliance, et parvint avec son aide à se dégager des étreintes de sa redoutable ennemie. A partir de ce moment, Augustin, esclave de la grâce, se sentit l'homme et le citoyen le plus libre du monde. Il entonna un chant de liberté, sa « Marseillaise » à lui, qu'il répéta jusqu'à la fin de ses jours et qui a pour refrain un mot de saint Paul : *Gratia Dei, sum id quod sum,* ce que je suis, je le suis par la grâce de Dieu !

Il est inutile et il serait trop long de

vous dire en détail le reste de sa vie. Revenu dans l'Afrique, sa patrie, il fut nommé président d'une petite république appelée Eglise, dont le siége était une petite ville nommée Hippone. Là il eut, à la fin de ses jours, comme vous au commencement des vôtres, la douleur de voir son pays envahi par les hordes armées du Nord. Il n'eut pas, comme vous, l'honneur de provoquer la résistance à outrance et d'organiser la victoire. Il est vrai que le résultat a été le même. Hippone fut prise par les Vandales et Paris l'a été par les Prussiens. La seule différence est que l'évêque mourut sans avoir sur la conscience le poids qui doit peser si lourdement sur la vôtre, à moins que l'amour de la République ne vous dispense d'en avoir une : il n'avait pas fait verser inutilement, pour atteindre un but impossible, des torrents de larmes et de sang à ses concitoyens.

Augustin a un autre mérite. Il a forgé et laissé après lui, contre l'invasion toujours et partout menaçante de la barbarie intellectuelle et morale, des armes si bien trempées que les efforts réunis du temps et de l'erreur n'ont pu ni les émousser ni les rompre. Ces armes se trouvent particulièrement dans un arsenal qui s'appelle la *Cité de Dieu*. Durant les cinq mois du siége de Paris par les Prussiens, je suis entré dans cet arsenal, ou, pour parler sans figure, j'ai consacré à relire et à méditer ce livre admirable, trop ignoré de nos hommes politiques, les rares loisirs que me laissaient la surveillance d'une école, la direction d'une ambulance et les bombes prussiennes.

Eh bien, Monsieur, — c'est là que je voulais en venir, — votre discours de Saint-Quentin m'a remis en mémoire la *Cité de Dieu*. Soit parce que les grands esprits se rencontrent, soit plutôt parce que les extrêmes se touchent, vous, l'homme de la suprématie de la raison humaine, vous êtes d'accord, sans vous en douter, avec saint Augustin, l'hom-

me de la suprématie de la grâce divine,
sur deux points importants. L'existence
de deux sociétés, de deux peuples à principes et à tendances opposés que vous
signalez en France, saint Augustin l'a
constatée dans l'humanité. De plus, vous
vous rencontrez l'un et l'autre en donnant
à ces deux sociétés, sous des noms dif-
férents, les mêmes caractères distinctifs.

Voici, selon vous, ce qui distingue
essentiellement ces deux sociétés : l'une,
le monde religieux, croit en Dieu, à
son intervention souveraine dans la con-
duite des choses humaines, à sa providence et à sa grâce ; l'autre, au contraire, le monde laïque, repoussant ces
dogmes comme attentatoires à la liberté,
proclame la souveraineté de la raison
humaine, la toute-puissance et l'indépendance de la volonté humaine, et ne
donne pour base et pour motif « à la
» pratique des devoirs sociaux que l'é-
» mancipation et la glorification de la
» personne humaine. »

C'est exactement ce que dit saint Augustin en des termes d'une clarté et d'une précision dont manque votre phraséologie. Voici ses propres paroles : « Il y a deux sociétés, produit de deux amours : à savoir la société terrestre, créée par l'amour de soi jusqu'au mépris de Dieu ; et la société céleste, fondée par l'amour de Dieu jusqu'au mépris de soi. *Fecerunt itaque civitates duas amores duo : terrenam scilicet amor sui usque ad contemptum Dei ; celestem vero amor Dei usque ad contemptum sui.*

A ces traits, vous devez reconnaître, Monsieur, vos deux sociétés : le monde religieux qui aime Dieu, croit à sa providence et à sa grâce, et meurt s'il le faut pour sa cause ; le monde laïque qui rejette Dieu, n'admet pas son intervention, entend ne relever que d'une autorité de droit humain, et met le fondement des devoirs dans l'émancipation et la glorification de la personne humaine. D'une part, la société établie sur ce commandement : «Tu aimeras Dieu de tout ton cœur, de toutes tes forces, de toute ton âme, et ton prochain comme toi-même pour l'amour de Dieu »; d'autre part, la société fondée en théorie sur l'exclusion de Dieu et l'égoïsme humanitaire, et se résolvant en pratique dans l'égoïsme personnel.

Ainsi donc, Monsieur, votre définition des deux sociétés est bien, au fond, celle qu'en donne saint Augustin. Mais si vous êtes d'accord sur ce point avec l'un des plus grands génies qui aient honoré l'humanité, le dissentiment le plus absolu sépare, sur tout le reste, votre système social de sa doctrine.

Le monde pour lequel, selon vous, nous sommes faits, pour lequel nous devons tout donner, nos facultés, nos efforts, notre vie elle-même, ce monde opposé au monde religieux, saint Augustin l'appelle terrestre, matérialiste, mauvais. Il veut que, par tous les moyens légitimes, l'honnête homme et le bon citoyen en combattent les idées, en répudient les œuvres, en repoussent la domination. Il fait consister dans cette opposition l'esprit même du christia-

nisme et l'apostolat chrétien, et estime
que donner sa vie dans ce combat est
la gloire même du martyre, l'idéal de la
grandeur morale.

Vous le voyez : il n'est pas possible
de trouver un désaccord plus profond.
Ce désaccord ne s'arrête pas là.

Infidèle aux principes libéraux de 89,
dont vous vous dites l'héritier et le re-
présentant, au lieu de combattre par les
armes de la discussion, du raisonnement
et de la science les doctrines du monde
religieux, vous demandez à l'Etat de
retrancher de son sein, par la violence
d'une législation oppressive, ceux qui
professent ces doctrines et de leur refuser le droit de cité. En cela, vous obéis-
sez, malgré vous et contre vos intentions, sans doute, aux instincts de violence qui ont animé dans tous les
temps le monde antireligieux auquel
vous vous honorez d'appartenir. Oui,
Monsieur, en demandant la séparation
de l'Eglise et de l'Etat dans le sens où
vous l'entendez, vous obéissez, malgré

vos protestations contraires, à la loi qui domine toute société sans Dieu, qui fit de Caïn, le premier père de cette société, un fratricide, des Jacobins de 93, vos vrais ancêtres, des tigres altérés de sang humain, et des communeux de 71, vos frères en démocratie, des incendiaires et des assassins.

Tout autre est l'esprit de saint Augustin, ou plutôt de l'Evangile et de l'Eglise. Comme vous, saint Augustin ne demande pas le divorce des deux sociétés, la séparation de l'ivraie et du froment. Voici ce qu'il demande : « Sup-
» portez, dit-il, le pécheur sans aimer
» le mal qui est en lui, mais pour
» combattre ce mal par amour pour
» lui. Aimez non le pécheur, mais
» l'homme dans le pécheur. C'est parce
» qu'il aime le malade que le médecin
» poursuit la fièvre dont il est con-
» sumé; il ne l'aimerait pas s'il respec-
» tait son mal. Faites de même, et
» dites la vérité à votre frère, sans la
» taire jamais. »

Vous le voyez, Monsieur, saint Augustin vous donne une leçon de libéralisme et d'amour de l'humanité.

Mais la séparation de l'Eglise et de l'Etat, telle que vous l'entendez, n'est pas seulement antilibérale et inhumaine, elle est impossible et produirait, si on essayait de la réaliser, des effets absolument contraires à ceux que vous en espérez.

Cette séparation est impossible, par la raison très-simple qu'elle est contre nature. Parce que vous êtes parvenu, Monsieur, par des moyens que je n'ai pas à examiner, à éteindre en vous le sentiment religieux, et à vous passer sans difficulté de croyances religieuses, vous vous imaginez que les hommes sont tous faits à votre image et que le genre humain peut se passer de Dieu comme vous. C'est une erreur, et j'ajoute que c'est un travers commun aux hommes de votre parti. Il en est peu parmi eux qui se contentent de penser et d'agir pour leur propre compte et qui ne cèdent à la tentation de se croire à eux seuls le peuple français quand ils veulent bien ne pas résumer en leur personne l'humanité tout entière.

Quoi qu'il en soit, c'est un fait incontestable que l'homme est un être aussi essentiellement religieux qu'il est essentiellement moral. Un penseur qui a creusé plus avant que vous — je puis le dire sans vous faire injure — dans les mystères de la nature, a défini l'homme : un être *politique*, c'est-à-dire *sociable* et *religieux*. Ce n'est pas un Père de l'Eglise qui a dit cela, c'est Aristote. Et la nature de l'homme, impartialement observée, n'est pas seule à dévoiler ce fait : l'histoire le proclame à son tour avec une autorité irrésistible. C'est parce que l'homme porte dans les entrailles mêmes de sa nature l'idée et le sentiment de Dieu, que nous retrouvons chez tous les peuples cette idée et ce sentiment sous forme de symbole religieux, de culte public, de religion sociale. Ce fait est certain, cette loi est au-dessus de vos efforts; et tenter d'établir un ordre social et politique sans religion, c'est affirmer l'absurde et tenter l'impossible. Vos ancêtres de 93 l'ont tenté ; vous savez à quoi ils ont abouti : au culte de la déesse Raison, symbolisée par une courtisane, et à la religion des théophilanthropes ayant pour prêtre le bourreau et pour autel la guillotine. Vous voulez reprendre ce dessein malheureux par des moyens plus doux. La nature des choses sera plus forte que vos intentions : la suppression légale et politique de la religion que vous voulez de toute la puissance de votre âme aboutira fatalement à la persécution que vous dites ne pas vouloir, et, dans tous les cas, ravivera l'*antagonisme et la guerre acharnée* auxquels vous désirez mettre un terme. Voici comment.

Le fondateur du christianisme et de l'Eglise a dit à ses disciples cette double parole : « Vous êtes la lumière du » monde; vous êtes le sel de la terre.»

Les disciples ont cru à ces paroles du Maître et, depuis bientôt dix-neuf siècles, ils se sont transmis cette conviction sans interruption. ni défaillance. Vous voulez vous séparer de l'Eglise; mais l'Eglise ne veut à aucun prix se séparer de vous. Elle se croit nécessaire même à vos destinées temporelles. Oui, Monsieur, elle est convaincue que sa foi est indispensable à votre scepticisme, son spiritualisme à votre matérialisme grossier, ses temples à vos théâtres, ses couvents de vierges à vos maisons de tolérance, ses moines à vos communeux, son esprit de pauvreté à votre soif de l'or, son humilité à votre orgueil, son respect à votre mépris, sa charité à vos haines, son obéissance à vos révoltes.

En un mot, l'Eglise est convaincue que si elle se retirait de vous, vous tomberiez fatalement dans les ténèbres et dans la corruption. Voilà pourquoi elle ne veut ni ne peut se désintéresser de vos écoles, de vos lois, de votre politique,

de vos institutions. Voilà pourquoi elle
subira, s'il le faut, la persécution et la
mort; le divorce, jamais !

Il y a dans ce fait qui dure depuis
dix-neuf siècles une réponse suffisante
à l'accusation que vous ne craignez pas
d'intenter contre notre patriotisme.
Quoi, Monsieur, vous osez dire que le
clergé catholique n'est capable d'élever
« qu'une espèce humaine amollie, débi-
» litée, résignée à subir toutes les infor-
» tunes comme des décrets de la Provi-
» dence»; qu'un peuple qui demeure
sourd et inerte « quand on lui parle de
» ses devoirs de citoyen, quand on veut
» exciter en lui les idées de sacrifice et de
» dévouement à la patrie !» Mais qui donc
a élevé le général Charette et ses compa-
gnons d'armes, ces zouaves pontificaux
qui ont répondu à votre appel avec tant
de magnanimité et se sont fait tuer avec
tant d'héroïsme? Qui donc a élevé ces
mobiles bretons et tous ces jeunes gens
que vous avez envoyés à la boucherie
avec une incapacité devenue historique?

Non, Monsieur, cette accusation, vous n'y croyez pas vous-même, et vous me forcez à vous dire qu'elle n'est dans votre discours qu'un artifice oratoire indigne d'un honnête homme.

Je comprendrais, Monsieur, que vous eussiez accusé le clergé français de ne pas partager votre enthousiasme pour la République. Rien n'est plus certain, mais rien aussi n'est mieux motivé que la défiance que lui inspire cette idole de vos mains que vous essayez en vain de lui présenter sous les traits sacrés de la patrie. La République en soi est une forme de gouvernement qui n'a rien d'inconciliable avec le symbole catholique. Il y a en Suisse, aux Etats-Unis et ailleurs, des prêtres et des évêques aussi sincèrement républicains que vous pouvez l'être. Et ils n'ont pas besoin, pour cela, d'abjurer le moindre des articles de leur foi religieuse.

Mais la République des Etats-Unis et de la Suisse n'est pas celle qu'a connue la France ; ce n'est pas la vôtre, Monsieur. Vous avez beau vous séparer des terroristes de 93 et des communeux de 71, vous avez beau nous représenter votre régime républicain comme un gouvernement, « seul digne de ce nom », qui fait régner l'ordre, la justice, la liberté, l'égalité, le travail, la stabilité, la concorde, toutes les vertus, tous les avantages sociaux, — un vrai royaume de Salente — ces déclarations sont peine perdue. Elles ne rallieront à votre système politique ni le haut clergé que vous insultez, ni le *bas clergé*, qui n'est cependant pas assez *bas* pour mériter vos éloges et « revenir, comme vous » osez l'y convier, aux traditions dé- » mocratiques de ses aînés de la grande » Constituante. »

Ce petit nombre de prêtres que vous appelez nos aînés et qui ne sont que les vôtres, nous les appelons, nous, de leur vrai nom, des schismatiques et des apostats. L'estime que vous professez pour eux et le mépris qu'ils nous inspirent confirment votre thèse de la séparation.

Vous avez raison, Monsieur, l'Eglise ne peut pas plus s'unir avec votre République qu'elle ne peut se séparer de la France et des Français.

Veuillez en agréer l'assurance et l'expression de la considération que vous doit un ~~membre~~ du *bas clergé*.

L'abbé J. COGNAT.

IMPRIMERIE CENTRALE DES CHEMINS DE FER. — A. CHAIX ET Cⁱᵉ.
Rue Bergère, 20, à Paris.